гираффе

giraffe

кенгур

känguru

буг

fehler

мајмун

affe

оцтопус

tintenfisch

зец

hase

ајкула

hai

тигер

tiger

иак

yak

зебра

zebra

аллигатор

alligator

пас

hund

папагај
papagei

животиње
tiere

овце
schaf

црв
wurm

ант
ameise

цат
katze

јелен

hirsch

слон

elefant

риба

fisch

кокошка

henne

игуана

leguan

лион

löwe

мол
maulwurf

овл
eule

свиња
schwein

роостер
hahn

пуж
schnecke

туркеи
truthahn

кит
wal

пчела
biene

патка
ente

горилла
gorilla

медвед
bär

птица
vogel

пилетина

hähnchen

крава

kuh

краба

krabbe

коњ

pferd

киттен

kätzchen

веверице

eichhörnchen

буттерфли

schmetterling

камила

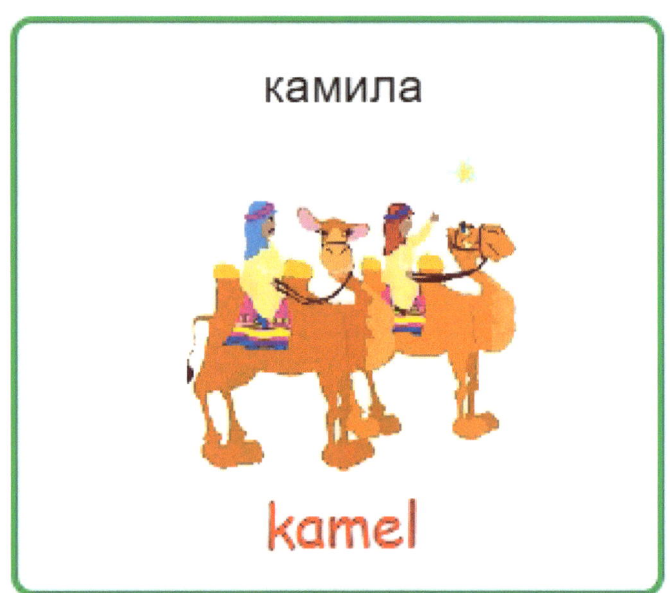

kamel

делфин

delphin

еагле

adler

цхицкс

küken

фок

fuchs

фрог	коза

frosch	**ziege**
хиппопотамус	панда

nilpferd	**panda**
штене	мишеви

hündchen	**mäuse**

пенгуин
pinguin

змија
schlange

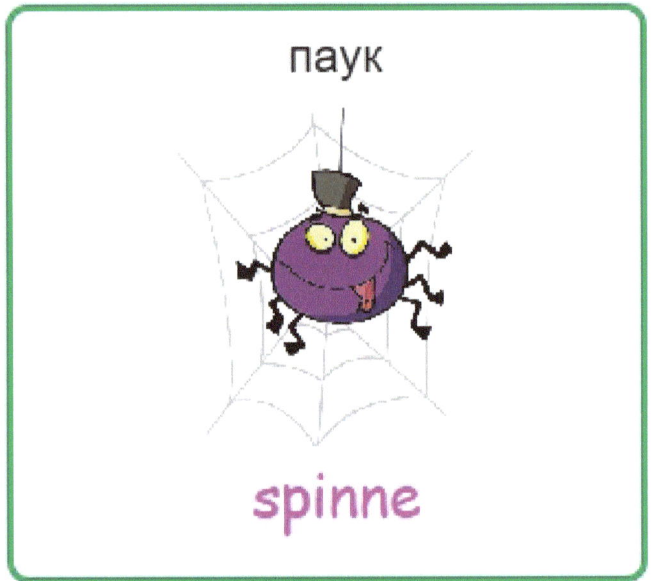

паук
spinne

корњача
schildkröte

вук
wolf

мува
fliegt

инсект

insekt

коала

koala

препелица

wachtel

пацов

ratte

скункс

stinktiere

цхеетах

gepard

гуштер

eidechse

кобила

stute

нoj

strauß

оистер

auster

пеликан

pelikan

голуб

taube

реиндеер	сван

rentier	**schwan**
тоад	вултуре

kröte	**geier**
варрус	цлам

walross	**muschel**

боар

eber

колена

knie

ханд

hand

око

LOOK!

auge

глава

kopf

ноге

beine

хаир

haar

уши

ohren

прст

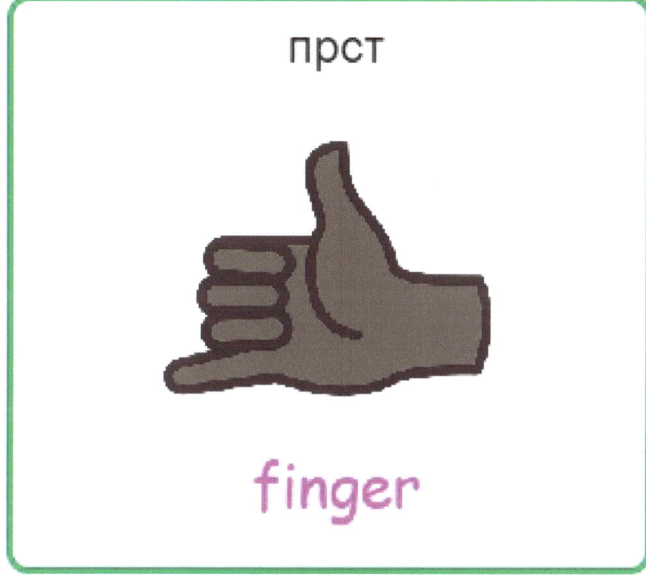

finger

нос

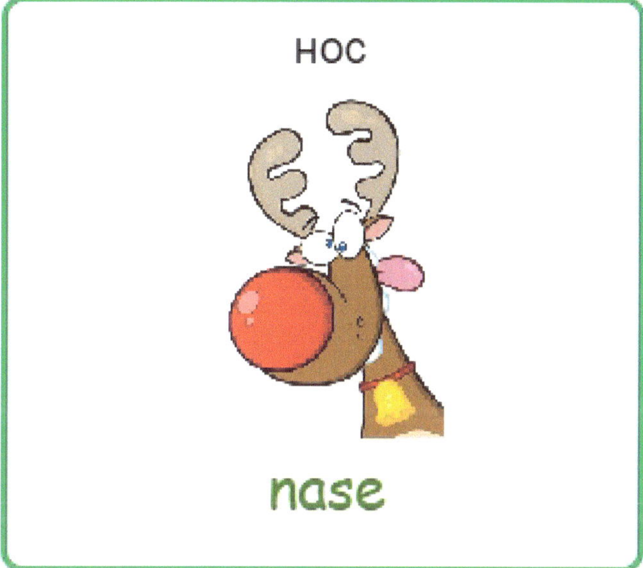

nase

зуб

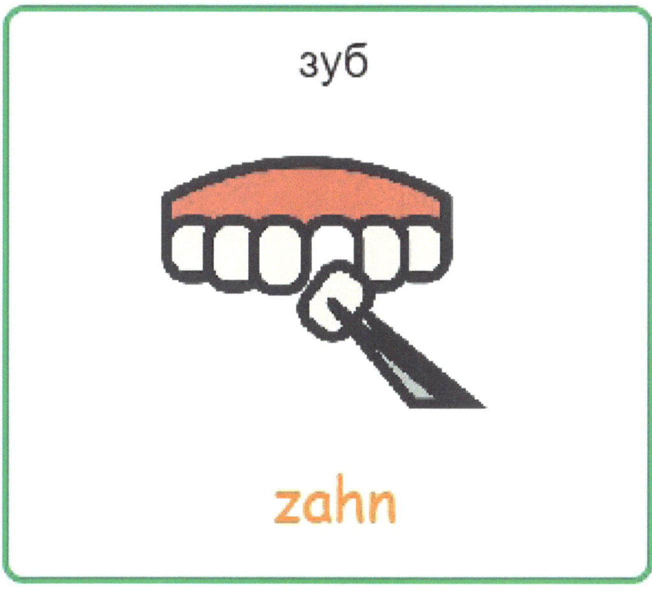

zahn

рамена

schulter

арм

arm

брада

bart

брада

kinn

лакат

ellbogen

фаце

gesichter

уста

mund

врат

hals

тхумбс

daumen

језик

zunge

мишића

muskel

хип

hüfte

тело

karosserie

сладолед

eis

цем

marmelade

лубеница

wassermelone

торту

kuchen

оранге

orange

jогурт

joghurt

лимун

zitrone

млеко

milch

крушке

birnen

јабука

apfel

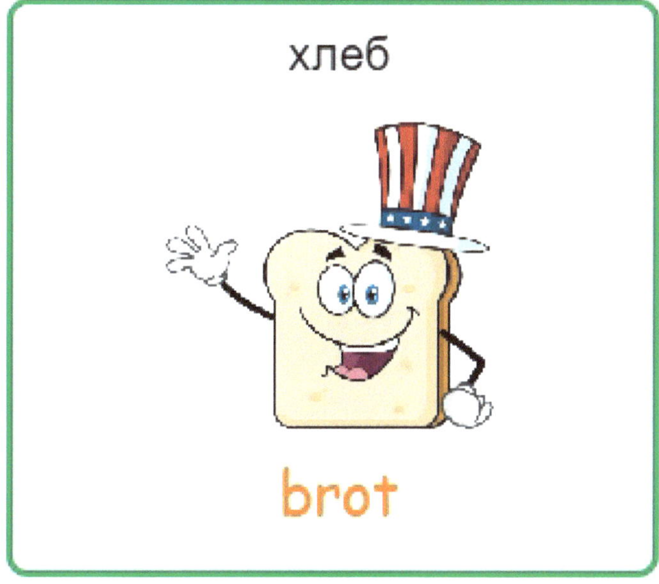

хлеб

brot

кокос

kokosnuss

броколи
brokkoli

грашак
erbsen

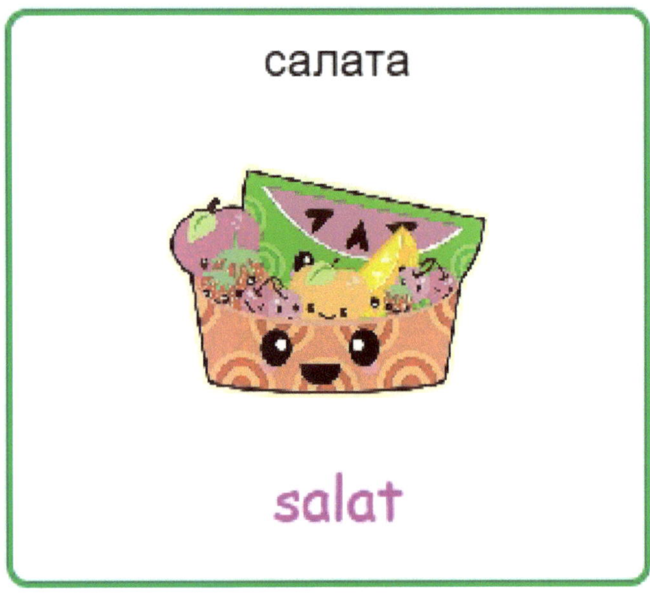

салата
salat

цхили
chili

цхерри
kirsche

банана
banane

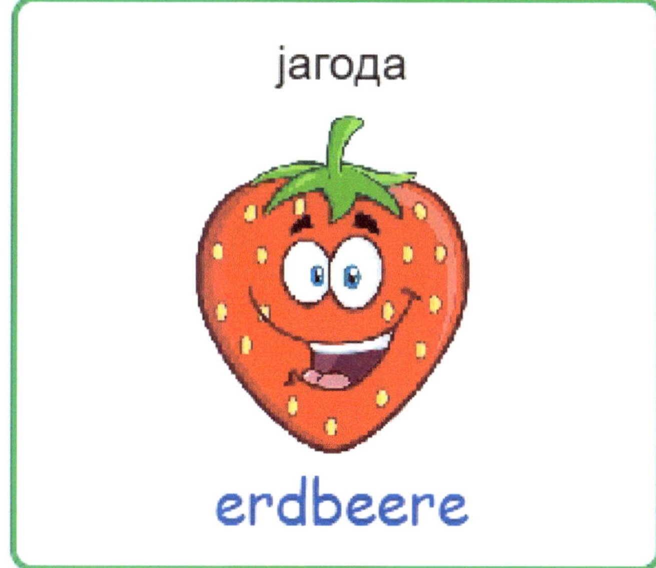

јагода
erdbeere

ананас
ananas

беан
bohne

бомбона
süßigkeiten

шунка
schinken

сок
saft

киви
kiwi

месо
fleisch

нутс
nüsse

лук
zwiebel

кечап
ketchup

сир
käse

грожђа

traube

мрква

karotte

пудинг

pudding

ноодлес

nudeln

кикирики

erdnuss

кромпир

kartoffel

стеак

steak

донутс

donuts

поврђе

gemüse

кобасица

wurst

пите

kuchen

душо

honig

супа

suppe

авокадо

avocado

чоколада

schokolade

пица

pizza

парадајз

tomate

патлиџана

auberginen

цуцумбер

gurke

грејп

grapefruit

сендвичи

sandwiches

бресква

pfirsich

jaja

eier

шљива

pflaume

шипак	малина

granatapfel	**himbeere**
тангерине	пшеница

mandarine	**weizen**
цоокие	мусхроом

plätzchen	**pilz**

турнип
rübe

ацорнс
eicheln

кукуруз
mais

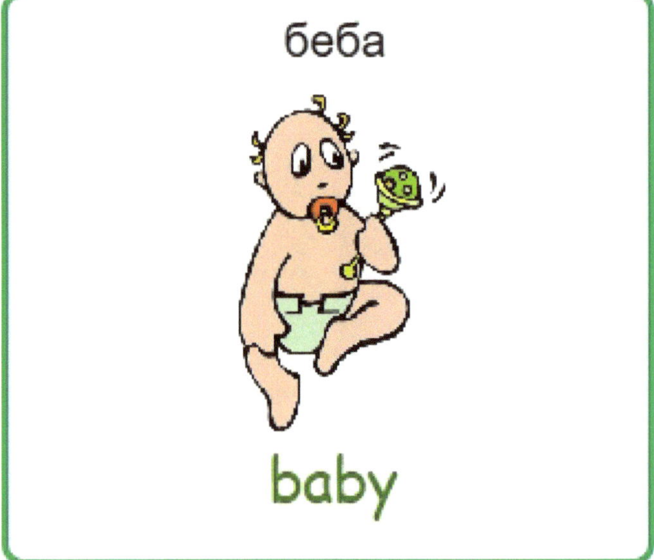

беба
baby

кинг
könig

клинци
kinder

краљица

königin

бои

junge

брате

bruder

деца

kinder

фармер

farmer

отац

vater

гирл

mädchen

човече

mann

мајка

mutter

вештице

hexen

сестра

schwester

бербер

barbier

пријатељу

freund

доктор

arzt

сестра

schwester

магициан

zauberer

фотограф

fotograf

пират

pirat

главни кувар

koch

ангел

engel

витез

ritter

сирена

nixe

принцесс

prinzessin

учитељ

lehrer

тата

papa

уметник

künstler

мусициан

musiker

месара

metzger

лидера

führer

манагер

manager

политичар

politiker

њега

ihm

пекара

bäcker

роб

rauben

столар

zimmermann

цоп

polizist

ваитерс
kellner

полицајац
polizist

тоддлерс
kleinkinder

мама
mama

слушкиња
maid

авионом
flugzeug

ауто

auto

скутери

roller

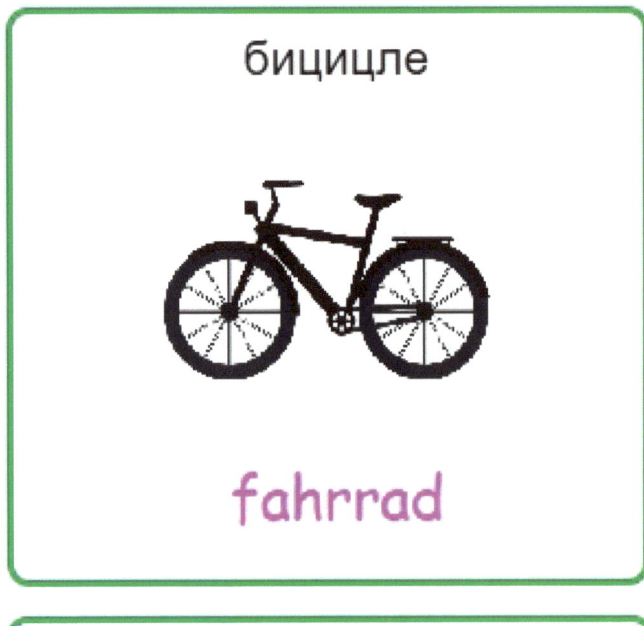

бицицле

fahrrad

ван

van

бус

bus

бике

fahrrad

траинс

züge

камиони

lastwagen

jeeпс

jeeps

такси

taxi

вагон

wagen

ракета

rakete

барров	балл
	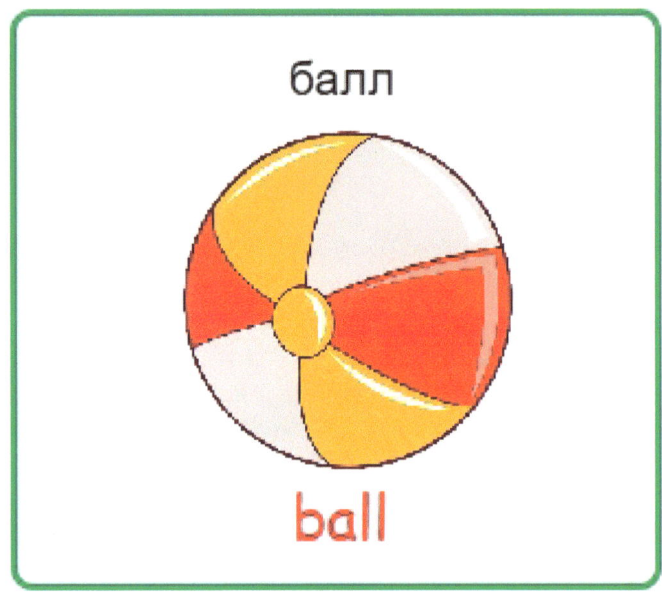
karren	**ball**
флаг	пан

flagge	**schwenken**
васе	пешкир

vase	**handtuch**

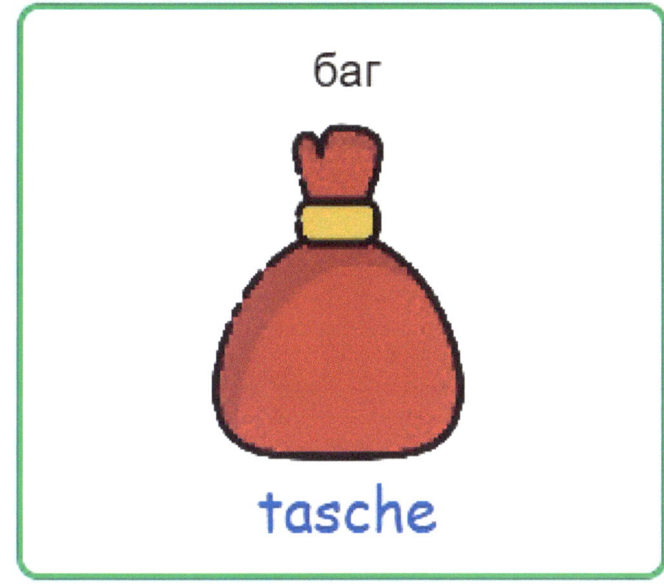

баг
tasche

југ
krug

бацкпацк
rucksack

гнездо
nest

дрво
baum

кишобран
regenschirm

вулкан

vulkan

сидро

anker

пређа

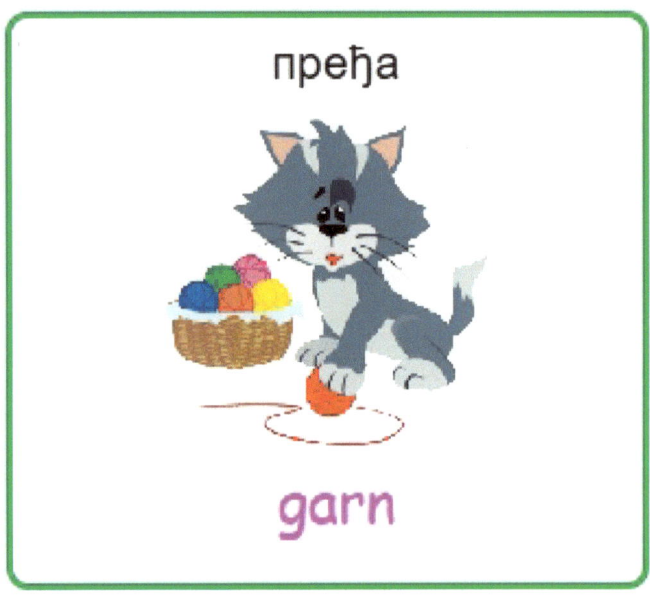

garn

зиппер

reißverschluss

овратнике

kragen

миррор

spiegel

www.ingramcontent.com/pod-product-compliance
Lightning Source LLC
Chambersburg PA
CBHW042006110726
48006CB00004B/996